AF499090

EMANUELA DAL MAS

IL MARKETING DELLE PROFESSIONI

Utilizzare il Marketing Tradizionale per Promuovere

Te Stesso e i Tuoi Servizi Professionali

Titolo

"MARKETING DELLE PROFESSIONI"

Autore

Emanuela Dal Mas

Editore

Bruno Editore

Sito internet

http://www.brunoeditore.it

Tutti i diritti sono riservati a norma di legge. Nessuna parte di questo libro può essere riprodotta con alcun mezzo senza l'autorizzazione scritta dell'Autore e dell'Editore. È espressamente vietato trasmettere ad altri il presente libro, né in formato cartaceo né elettronico, né per denaro né a titolo gratuito. Le strategie riportate in questo libro sono frutto di anni di studi e specializzazioni, quindi non è garantito il raggiungimento dei medesimi risultati di crescita personale o professionale. Il lettore si assume piena responsabilità delle proprie scelte, consapevole dei rischi connessi a qualsiasi forma di esercizio. Il libro ha esclusivamente scopo formativo.

Sommario

Introduzione

Da tempo, nel mondo delle professioni, si percepisce una forte esigenza di differenziazione, che si riassume nella ricerca di una maggiore visibilità e di strumenti che facciano emergere i tratti distintivi del singolo professionista o della sua organizzazione. Si è tentato di rispondere a questa necessità, utilizzando elementi del marketing tradizionale e calandoli nella realtà specifica dell'universo dei servizi professionali, attraverso un percorso-guida e fasi di autoanalisi.

Con il primo capitolo si è voluto avviare il lettore a uno studio sistematico del territorio, dell'offerta, della domanda e della concorrenza.

Nel secondo capitolo si è affrontato il tema della conoscenza e delle competenze, che sono il vero patrimonio del professionista e che talvolta non vengono fatte emergere, né sono evidenziate e condivise con i clienti nei modi opportuni.

Il terzo capitolo apre alla chiave di lettura del marketing delle professioni, ovvero lo stile professionale come vero elemento di differenziazione dell'offerta.

Il quarto capitolo infine spiega, in modo tecnico, come utilizzare gli strumenti di marketing e promozione più diffusi, adattandoli alle esigenze comunicative di un professionista o di uno studio professionale.

CAPITOLO 1:
Come confrontarsi con i concorrenti

Quando si parla di marketing e di mercati aperti, conoscere i concorrenti, le loro caratteristiche e il loro comportamento, ovvero conoscere l'ambiente professionale in cui ci si colloca, è una condizione imprescindibile.

Chi sono quindi i cosiddetti "concorrenti" nel mondo delle professioni? Sicuramente i colleghi che operano nello stesso territorio e nello stesso specifico ambito professionale. Sono concorrenti anche le organizzazioni strutturate, come le associazioni di categoria, enti e organismi collettivi, che offrono servizi in tutto o in parte simili a quelli che offre un professionista.

Mettersi a confronto con coloro che esercitano attività simili, con una logica che a breve vedremo, non ha nulla a che vedere con il discutere e misurare la propria professionalità. Significa, semmai, rispettare la prima regola di una business strategy corretta: conoscere e mappare il proprio territorio. In questo caso, il proprio territorio professionale.

Come mappare il proprio territorio professionale

Che cosa intendiamo quando parliamo di “territorio professionale”? Sicuramente il territorio identificato in senso geografico, in cui il professionista opera in primo luogo. Questo vale in particolare per quelle attività professionali che vengono esercitate in modo costante e continuativo.

Se la sede del consulente è sufficientemente vicina alla sede o alla residenza del proprio cliente – sia un’azienda o un privato cittadino – molte delle attività ordinarie possono essere svolte con più efficienza e senza particolari costi di esercizio o di trasferta.

In molti casi il professionista è una figura di riferimento per la propria clientela locale, proprio perché è radicato culturalmente nel territorio di appartenenza e conosce bene le esigenze di imprese e privati. In altri casi, invece, le attività esercitate sono molto specifiche e settoriali, riassumibili in pratiche o progetti, e il limite territoriale può venire meno. I clienti possono arrivare anche da molto lontano, o il professionista stesso può trovare conveniente spostarsi presso il cliente.

Ora vediamo come procedere per una concreta mappatura territoriale. Si può innanzitutto fare una valutazione di massima della propria influenza geografica e professionale. Per esempio: «Lavoro con le imprese, e la mia area di influenza è la provincia di Torino».

Una valutazione così generica potrebbe essere fuorviante. A meno che non si considerino potenziali clienti, facendo riferimento all'esempio citato, anche la FIAT e la RAI Radiotelevisione Italiana. Ma è un buon punto di partenza per cominciare a identificare le altre realtà che, con un profilo professionale simile al proprio, sono presenti sul territorio della provincia di Torino.

Inoltre, facendo una ricerca in Internet o negli elenchi ufficiali, oltre a identificare nomi e indirizzi, posso ricavare altre informazioni utili, per esempio: quanti professionisti ci sono in rapporto alla popolazione o al numero di imprese; quanti e quali appartengono a organizzazioni medio-grandi; quanti appartengono a organizzazioni medio-piccole o individuali.

Per quanto ogni professionista abbia esperienza e percezione del proprio universo professionale, sviluppare una mappa generale in modo oggettivo, elencando e collocando su una carta geografica organizzazioni e studi professionali affini al proprio, ne cambia la visione: da soggettiva a oggettiva. Inoltre è opportuno rilevare, ai fini del nostro studio, come i concorrenti si presentano, se curano la propria visibilità, in che modo si differenziano e se lo fanno. La cosa più semplice è verificare se hanno un sito internet e visitarlo. Ma questo è solo un punto di partenza.

Qualsiasi strategia di marketing deve basarsi su dati di fatto. Quindi è molto importante sapere che, per esempio, i professionisti iscritti a un albo in area sono duecento, che la metà sono titolari di studio e che solo uno studio su dieci ha un sito web. Perché è importante? Perché questi dati ci confermano che, in questo caso, ci sono molti studi medio-piccoli, e che pochi studi – presumibilmente quelli più strutturati – curano la propria immagine, o meglio hanno una propria politica di marketing.

Essere consapevoli che la struttura della concorrenza su territorio è formata da piccoli studi poco organizzati, o da grandi studi molto organizzati, è fondamentale per chi si colloca sul mercato delle professioni.

Un professionista con importanti competenze in uno specifico ambito – ad esempio la materia giuslavoristica in campo internazionale – che si trovi a competere in una mappa territoriale composta da studi o società di una certa dimensione, nello stesso campo o in campi affini, dovrà cercare un differenziale professionale aggiuntivo per aggirare la competizione.

Un professionista che si trovi a operare in un territorio servito da organizzazioni medio-piccole, verosimilmente poco differenziate, potrà cercare maggiore visibilità per distinguersi e trasmettere dinamismo. Al contempo, potrà indagare sulle prospettive di crescita economica del territorio e sulle esigenze latenti del mondo imprenditoriale in particolare, nell'ottica di valorizzare competenze specifiche o di sviluppare nuove attività.

SEGRETO n. 1: mappare il territorio professionale significa elencare e descrivere in modo oggettivo chi lavora nel nostro contesto geografico e con la nostra tipologia di clienti.

Saper valutare le scelte di marketing degli avversari

Mappare il territorio professionale aiuta a capire dove ci si trova e che morfologia ha il proprio settore di attività: quanti siamo, come siamo organizzati.

Aiuta a capire anche come si muove il settore. Per esempio, si può verificare se in generale la professione viene esercitata in modo tradizionale, con servizi pressoché indifferenziati, o se si sta già procedendo a una differenziazione per specializzazione.

Per capire come si muovono gli avversari è necessario imparare a valutare le scelte di marketing dei singoli professionisti, studi o società. Perché il marketing è sostanzialmente una questione di "identità" e di proposta.

In altre parole, il marketing è una disciplina utile a rendere più competitivo il singolo operatore di mercato, sia azienda, sia professionista. Questo risultato si ottiene però in modo originale, secondo una strategia personale. Si possono individuare tipologie di marketing e categorie di strumenti utili a eseguirle, ma la strategia è sempre unica e individuale.

Parametri di valutazione del marketing: tipologia di servizio

Quali sono i parametri di valutazione del marketing dei servizi professionali? Il primo indicatore è sicuramente la tipologia di servizio. Elenchiamo e descriviamo le famiglie di servizi di alcuni colleghi/concorrenti – magari riferendo al loro sito internet, o raccogliendo le opportune informazioni tramite passaparola.

Cominciamo quindi a misurarne l'utilità, l'esclusività e la qualità, nonché l'estensione, l'integrazione e l'efficienza del sistema di offerta. Dal punto di vista del cliente e del mercato in generale, questi fattori sono di grande importanza.

Vediamoli in dettaglio. Cosa si intende per utilità di un servizio? Non la necessità o l'obbligatorietà, che contraddistinguono alcune categorie di servizi professionali – dai servizi legali a quelli fiscali, ad esempio, ma non solo.

A prescindere dalla necessità o dall'obbligatorietà, l'utilità è il vantaggio che il cliente ottiene nello scegliere il nostro servizio, invece che il medesimo servizio fornito da un altro studio professionale. Può trattarsi di un maggior risparmio, di maggiori garanzie, di un servizio più completo o più veloce, o dell'aggiunta di competenze trasversali.

Cosa si intende, invece, per esclusività di un servizio? I servizi professionali si suddividono in due grandi categorie: le attività standard e le attività di consulenza o a valore aggiunto. Le attività standard sono i servizi veri e propri, che vengono svolti in modo continuativo o secondo procedure, per così dire, normali e organizzate. Solitamente, contraddistinguono l'esercizio della professione e non hanno particolari caratteristiche di esclusività.

Un professionista può scegliere di svolgere o non svolgere un certo tipo di servizio, nel quadro generale della gestione del proprio studio; in ogni caso, la propria identità professionale non è caratterizzata dalle attività standard. Al contrario, la consulenza e le attività a valore aggiunto possono avere caratteristiche di esclusività, assoluta o relativa. Essere uno dei pochi professionisti che, nel territorio professionale, hanno specifiche competenze in una determinata disciplina legale, contribuisce a valorizzare l'intera organizzazione, attirando maggiore credito.

Nel mondo delle professioni, soprattutto delle professioni regolate, gli standard di qualità del servizio tecnico sono in genere rispettati. Si può parlare però di qualità del servizio, di qualità dei rapporti umani, fattori legati quindi all'organizzazione e al suo funzionamento. Nel caso di professioni non regolate, e per le attività di tipo consulenziale in genere, la qualità del servizio è più difficile da misurare e verificare a priori, ma si rimette alla logica del mercato.

Parliamo ora di sistema di offerta; non di singolo servizio quindi, ma di un insieme di servizi che compongono l'offerta del professionista. Cosa si intende per estensione del sistema di offerta? Un insieme di servizi è tanto più esteso quanto maggiori sono le aree professionali coinvolte, le specializzazioni e le attività incluse.

Ad esempio, un professionista può annoverare, tra i propri servizi, sia la gestione contabile che la consulenza del lavoro. E può, ad esempio, includere attività di consulenza in ambito fiscale. Viceversa, può scegliere di specializzarsi, ad esempio, solo nella consulenza del lavoro, includendo però tutte le attività ritenute opportune: dal servizio paghe, alla consulenza, alla formazione e via dicendo.

Un sistema di offerta più o meno ricco ed esteso qualifica il professionista se è compatto, ovvero se il cliente percepisce un'unitarietà nell'offerta e nel metodo di servizio. E l'offerta è percepita come unitaria se corrisponde a esigenze contigue del cliente – azienda o privato cittadino – anche se non è sempre la stessa figura professionale a svolgere tutte le attività.

Ad esempio, un'esigenza di tipo amministrativo o fiscale si accompagna facilmente a problematiche relative ai contratti di lavoro. Così come una questione contrattuale relativa a un dipendente si accompagna facilmente a problematiche di tipo personale che necessitano l'intervento di uno psicologo del lavoro.

L'integrazione effettiva tra servizi di tipo professionale implica una reale integrazione nell'erogazione degli stessi, soprattutto se ci sono più persone coinvolte nelle varie attività. Evitare colli di bottiglia, favorire il passaggio di informazioni, facilitare il dialogo tra professionisti e cliente: tutto ciò permette di raggiungere un buon grado di efficienza.

Efficienza e integrazione, a loro volta, rafforzano la fiducia e la stima del cliente, sentimenti che sono alla base di un rapporto stabile e duraturo tra professionista e azienda, o tra professionista e cittadino. La conseguenza di buoni rapporti, basati su fiducia e stima, è la reputazione del professionista, uno dei suoi principali valori sul mercato. È molto difficile misurare il grado di efficienza di un concorrente – al più se ne può conoscere la reputazione – mentre è possibile, dall'esterno, tracciare l'estensione e in parte l'integrazione del suo sistema di offerta.

SEGRETO n. 2: i servizi professionali si distinguono per utilità, esclusività e qualità. Per misurare il marketing dei concorrenti si valuta anche l'estensione, l'integrazione e l'efficienza del sistema di offerta nel suo complesso.

Parametri di valutazione del marketing: il prezzo

Ritorniamo ai parametri del marketing per le professioni. Un secondo indicatore è il prezzo del servizio offerto. Il prezzo è una delle storiche leve del marketing, in quanto posiziona il servizio nel mercato, differenziando "a prima vista" un servizio di fascia bassa da un servizio di fascia media o alta.

Nel caso del marketing dei servizi professionali, il prezzo di un servizio traduce in doppia chiave, da un lato, l'esclusività o meno dello stesso e dall'altro lato la reputazione del professionista che lo fornisce.

Per esempio, la tariffa oraria di un avvocato specializzato in diritto comunitario in materia di pubblicità e marchi, autore di libri e relatore di convegni internazionali, che esercita all'interno di uno studio associato di una grande città, comprende esclusività delle competenze – pochi conoscono così bene la sua materia – reputazione e immagine.

Un avvocato junior del suo stesso studio, che gestisce pratiche correnti, applicherà un prezzo inferiore, sia per la minore esclusività e complessità delle competenze che per la minore esperienza e reputazione. Ma, avvalendosi dell'immagine dello studio, potrà praticare un prezzo verosimilmente superiore rispetto a un suo pari grado di uno studio di provincia.

Il prezzo è anche proporzione del peso dell'organizzazione all'interno del quale il professionista opera. Per esempio, un fiscalista titolare di studio, con due assistenti e un socio, gestisce più facilmente privati con proprietà immobiliari, ditte individuali e piccole società, praticando prezzi accessibili a realtà di queste dimensioni.

Viceversa una struttura più "pesante", composta da più persone e dipendenti, potrà operare nel contesto di società più strutturate, a cui può fornire una maggiore garanzia di continuità, e potrà praticare prezzi superiori, che le società clienti possono sostenere perché più grandi. Le tariffe applicate, in questo caso, "scontano" in parte anche la complessità dell'organizzazione del professionista, ovvero i costi di struttura.

SEGRETO n. 3: il prezzo di un servizio professionale dipende dall'esclusività del servizio, dalla reputazione del professionista, dall'immagine dello studio e dal "peso" della sua organizzazione.

Parametri di valutazione del marketing: la comunicazione

Tra i parametri del marketing delle professioni, un terzo indicatore è la comunicazione. Il professor Paul Watzlawick, teorico della comunicazione umana, stabilì come primo assioma della sua teoria che "è impossibile non comunicare".

Non curarsi della comunicazione, nel marketing in generale, significa semplicemente non usare uno strumento o leva competitiva a disposizione, per ottenere risultati migliori o diversi. In molti casi, il professionista trascura la comunicazione o, semplicemente, "veste" un'immagine di categoria. Per esempio, l'avvocato deve vestire in un certo modo e il suo ufficio deve avere certe caratteristiche. Allo stesso modo il medico, oppure il commercialista o lo psicologo.

Attenersi allo stile della categoria va bene, anche perché trasferisce il rispetto di una sorta di implicito codice deontologico e rassicura la clientela. Ma la comunicazione vera e propria, che trasmette le particolarità, rafforza l'identità e contribuisce alla visibilità, comincia dopo ed è per forza originale.

È relativamente semplice tracciare cosa la concorrenza fa e a che prezzo, ma come tracciare la comunicazione? Soprattutto: i nostri concorrenti fanno comunicazione? Molto spesso i professionisti non investono tempo e risorse in un piano di comunicazione e in strumenti.

In molti casi, gli ordini professionali pongono dei limiti all'uso di strumenti di comunicazione a fini pubblicitari. Quindi, escludendo l'advertising, cosa può fare uno studio professionale? E ha senso farlo? O è meglio affidarsi al passaparola? Nel dubbio molti professionisti si attengono al rispetto dell'immagine di categoria, ma non vanno molto oltre.

Nel momento in cui si decide di verificare la comunicazione dei colleghi concorrenti, ricordiamoci di annotare, per esempio, se hanno un marchio o se il biglietto da visita riporta solo il nome in bella grafia. Controlliamo se hanno un sito internet, controlliamo anche se il sito viene usato come strumento per aggiornare la clientela, con delle news ben fatte e recenti. Queste sono le azioni più semplici, che distinguono l'universo di chi ha tentato un approccio alla comunicazione dall'universo di chi non lo ha ancora fatto.

Tra coloro che fanno comunicazione si può stabilire chi possiede una propria strategia comunicativa, più sofisticata e costante. Per esempio si può controllare se, digitando il nome di un certo professionista, in rete compaiono articoli scritti da lui, su tematiche di sua pertinenza e pubblicati da riviste online.

Tra i canali comunicativi più diffusi in ambito professionale, e praticati da chi svolge attività comunicativa e pubbliche relazioni stabilmente, ci sono i convegni e gli eventi. Molti professionisti si fanno conoscere partecipando come relatori a convegni organizzati da enti, organizzazioni private o editori, promuovendo nel contempo lo studio di provenienza.

SEGRETO n. 4: non tutti i professionisti comunicano stabilmente se stessi e la propria organizzazione; controlliamo se hanno un marchio, un sito web, se scrivono news, articoli o partecipano a convegni.

RIEPILOGO DEL CAPITOLO 1:

- SEGRETO n. 1: Mappare il territorio professionale significa elencare e descrivere in modo oggettivo chi lavora nel nostro contesto geografico e con la nostra tipologia di clienti.
- SEGRETO n. 2: I servizi professionali si distinguono per utilità, esclusività e qualità. Per misurare il marketing dei concorrenti si valuta anche l'estensione, l'integrazione e l'efficienza del sistema di offerta nel suo complesso.
- SEGRETO n. 3: Il prezzo di un servizio professionale dipende dall'esclusività del servizio, dalla reputazione del professionista, dall'immagine dello studio e dal "peso" della sua organizzazione.
- SEGRETO n. 4: Non tutti i professionisti comunicano stabilmente se stessi e la propria organizzazione; controlliamo se hanno un marchio, un sito web, se scrivono news, articoli o partecipano a convegni.

CAPITOLO 2:
Come fare la sintesi delle competenze

Questo capitolo spiega come fare la sintesi delle proprie competenze professionali, e perché è necessaria. Una sorta di inventario delle proprie competenze, e delle specifiche del proprio settore, è essenziale per individuare in modo oggettivo ciò che si sa fare e ciò che si può fare, prendendone le distanze da professionisti, a beneficio dei clienti che ne usufruiscono.

Chi non si è trovato in difficoltà nello scrivere il proprio curriculum vitae? Nel momento in cui dobbiamo esprimere in modo sintetico ciò che sappiamo fare, capita che siamo frenati da due tipi di pensieri, ovvero: «Ciò che scrivo interessa al mio lettore? È quello che cerca?» oppure: «Ciò che scrivo è comprensibile al mio lettore?»

Fare la sintesi delle competenze, per un professionista, non è esattamente come compilare un curriculum vitae; impareremo come si fa proprio in ragione dei due scopi impliciti in ogni presentazione: le informazioni che fornisco devono interessare al mio interlocutore e devono essere espresse in modo comprensibile.

L'interlocutore di un professionista non è un "addetto ai lavori", quindi il linguaggio a lui comprensibile non è mai tecnico. E questa è la prima difficoltà quando si comincia a ragionare in termini di marketing dei servizi professionali. Il significato e l'identità di un servizio per il nostro cliente, infatti, non è la sua descrizione tecnico-professionale.

Come ricercare e classificare i contenuti professionali

Un modo per iniziare a inventariare le proprie competenze è farsi aiutare dalla ricerca di contenuti professionali pubblici. Come nel capitolo precedente abbiamo mappato la concorrenza in modo oggettivo, scoprendo magari che il nostro territorio è più o meno fertile di quanto sapevamo, anche in questo caso è opportuno partire dall'esterno.

Dalle banche dati associative al web, dalle pubblicazioni ai convegni: tutto il materiale inerente alle attività professionali esercitate, o che si vogliono esercitare, è una risorsa che, opportunamente trattata, permetterà al professionista di esplorare contenuti e linguaggi utilizzati per comunicare.

D'altro canto, tutto questo materiale è anche la base della comunicazione informativa che si utilizza ampiamente nel settore delle professioni. In pratica, un serbatoio da cui pescare per fare quello che scopriremo più avanti, ovvero informare il cliente e guidarlo dentro la materia.

Quante volte vi trovate ad avere documenti, articoli di giornale, spunti da Internet che leggete e trovate interessanti, ma poi lasciate da parte perché ritenete che non siano utili ad altri oltre a voi? Una volta acquisita l'informazione che entra a far parte della preparazione e dell'aggiornamento del professionista, la "fonte" viene messa da parte. Questo materiale, selezionato dal professionista, può essere invece condiviso, nel modo opportuno e in una maniera "interessante", con i clienti che diventano così anche fruitori di informazioni.

I contenuti, oltre che ricercati, selezionati per qualità e archiviati, devono essere anche classificati secondo una logica di priorità e importanza. Perché non tutte le informazioni sono ugualmente importanti e non tutti i contenuti hanno lo stesso valore.

Torniamo all'esempio del curriculum vitae del professionista. Un errore che talvolta si commette consiste nell'inserire a pari livello competenze generali e competenze specifiche, senza distinzione. Suddividere le competenze tra generali e specifiche, ad esempio, è una modalità di classificazione delle competenze.

Per quanto riguarda invece i contenuti professionali in senso ampio – ovvero le tematiche di interesse personale da trasferire ai propri clienti e utenti – questi sono inerenti in tutto o in parte alle competenze. Per esempio, un consulente aziendale specializzato in organizzazione aziendale, aggiornandosi periodicamente, seleziona e legge un articolo interessante su un caso di successo, a cui sono stati applicati sistemi di welfare aziendale innovativi.

Si tratta, palesemente, di un contenuto che non contribuisce a comunicare una competenza del professionista; ma è un contenuto interessante e utile sia per il professionista che, potenzialmente, per i suoi clienti. Il professionista ha un vantaggio nel condividere questo contenuto, perché coinvolge i propri clienti in tematiche relative alla sua disciplina e facilita il confronto e il dibattito.

Il confronto su contenuti di area – contenuti anche non direttamente legati alle competenze del professionista – è importante perché permette di costruire e rinforzare la relazione con il proprio cliente su un terreno neutro. Si intuisce che il vantaggio, per il professionista, è anche di immagine.

Tornando alle competenze: nel fare marketing dei servizi professionali, è importante che le competenze siano classificate in modo razionale, tra rilevanti e accessorie, tra consulenziali e tecniche, perché questa classificazione è alla base della costruzione del sistema di offerta, come abbiamo visto nel capitolo precedente. Come comunicare, invece, dopo averle ricercate e classificate, le proprie competenze e i contenuti professionali accessori? A questo punto entra in gioco la "strutturazione" dei contenuti.

SEGRETO n. 5: documenti ufficiali, articoli di giornale, spunti da Internet e altri contenuti professionali sono una risorsa; devono essere selezionati e classificati, per poi essere condivisi con i clienti.

Come scegliere e strutturare i contenuti a beneficio del cliente

La comunicazione di marketing è quella leva che usa i trucchi della comunicazione a fini di proposta (e, in ultima analisi, di vendita). Una delle regole della comunicazione di marketing dice che ciò che si propone deve essere tradotto in termini di vantaggi e utilità per il cliente o potenziale cliente.

Va da sé che illustrare un servizio o una competenza, ma anche un contenuto informativo, senza mettersi dal punto di vista di chi ne dovrebbe usufruire, non è fare comunicazione per il marketing, in quanto non si mette l'interlocutore nella condizione di capire quali sono i suoi vantaggi e quindi di scegliere.

In moltissimi casi accade che la comunicazione del professionista risenta del linguaggio e delle modalità espressive della professione. Così, ad esempio, nelle comunicazioni scritte – email o altro – un avvocato descrive un caso con dovizia di particolari in lunghi documenti, un fiscalista allega interi testi di legge, un consulente informatico si esprime con inglesismi, sigle e acronimi.

Se il rapporto con il cliente è molto personale, accade talvolta che sia il cliente stesso a contattare di persona o telefonicamente il professionista e gli chieda delucidazioni in merito alla comunicazione ricevuta. In quel caso, di fronte ai quesiti del cliente, il professionista è indotto e facilitato nella spiegazione e fornisce un servizio aggiuntivo che si ripercuote come beneficio sulla sua immagine.

Ma quando il cliente non richiama o, piuttosto, quando chi riceve l'informazione non è un cliente acquisito ma un cliente potenziale, si è perduta un'opportunità di comunicare se stessi e i propri vantaggi competitivi, riducendo notevolmente l'effetto dell'azione comunicativa compiuta con quella email, pagina internet o articolo pubblicato.

SEGRETO n. 6: se un contenuto ha finalità di marketing, e quindi di proposta, deve esprimere chiaramente quali sono i vantaggi per il cliente o potenziale cliente.

Contenuti informativi e contenuti promozionali

Come già precisato all'inizio di questo capitolo, i contenuti professionali che si possono condividere e diffondere sono di vario genere. Per capire come trattarli e strutturarli, è fondamentale capire se si tratta di contenuti informativi piuttosto che di contenuti "promozionali".

Per esempio, qualora un consulente direzionale che opera nel campo della sicurezza volesse condividere via email alcune statistiche recenti sul numero di incidenti sul lavoro, parliamo di contenuto informativo.

Se lo stesso consulente partecipasse come relatore a un convegno sul tema della sicurezza sul lavoro, e desiderasse invitare via email i propri clienti e in generale i propri contatti, a sottoscrivere una loro partecipazione a questo convegno, a titolo gratuito oppure a pagamento, il contenuto sarà palesemente di tipo promozionale. E questo anche se l'argomento in oggetto, per esempio, fosse lo stesso; ovvero, anche se al convegno il consulente introducesse proprio quelle stesse statistiche.

Per quale motivo le due comunicazioni sono diverse? Perché nel primo caso l'oggetto della comunicazione è la statistica, che è un'informazione; nel secondo caso, l'oggetto della comunicazione è il convegno, che è un servizio. Per entrare ulteriormente nel merito di questa differenza possiamo citare un caso limite, ovvero il caso di informazione a pagamento. Se la statistica non fosse un'informazione pubblica, ma fosse frutto di una ricerca prodotta da una società specializzata, l'oggetto della comunicazione sarebbe la statistica in quanto servizio.

In questo caso, per usufruire del contenuto – la statistica – sarebbe necessario cliccare su un link che porta a una pagina esterna, entrare in un modulo di acquisto online ed effettuare la spesa. Oppure, semplicemente, il destinatario interessato potrebbe telefonare all'ufficio vendite della società che ha prodotto la ricerca per realizzare l'acquisto.

Quest'ultimo caso esula quasi sempre dal contesto comunicativo di un professionista, a meno che egli stesso non produca contenuti esclusivi e acquistabili, e che li commercializzi in proprio o tramite un editore. Ma si tratta di attività di servizio collaterali alla professione, e non di marketing della professione, anche se la ricaduta in termini di immagine e visibilità è verosimilmente positiva e di una discreta portata.

Vediamo ora in che modo si costruisce un contenuto informativo. Torniamo al nostro consulente direzionale, che ha a disposizione uno studio statistico relativo agli incidenti sul lavoro. Per introdurre lo studio e descriverne i risultati, a beneficio del proprio lettore o ascoltatore, dovrà prendere in prestito i ferri del mestiere del giornalista. In quell'istante, infatti, il nostro professionista è un pubblicista a tutti gli effetti – lui o chiunque egli deleghi a realizzare la comunicazione.

La regola delle 5W, di matrice anglosassone, è il fondamento dello stile di scrittura giornalistico. Le 5W stanno per *who*, *what*, *when*, *where*, *why*, ovvero chi, cosa, quando, dove, perché. Un contenuto informativo prodotto in sintesi o in dettaglio, che risponda alle domande della regola delle 5W, è sicuramente un contenuto efficace e completo, rispondente alle sue finalità: produrre informazione in modo chiaro e preciso.

Altra regola da rispettare è che si deve iniziare dalla fine. Ovvero, i punti salienti dell'informativa devono essere comunicati subito, nella loro essenzialità; successivamente potranno essere sviluppati, ma colui che riceve la comunicazione deve immediatamente acquisire l'informazione.

Rispettare questa regola è fondamentale perché le comunicazioni che i nostri interlocutori ricevono quotidianamente sono veramente tante, e non c'è tempo né attenzione sufficiente per "leggere" veramente o ascoltare. Le informazioni vengono "consultate", acquisite nel giro di pochi secondi e solo dopo, forse e non sempre, approfondite.

Passiamo invece a come si costruisce un contenuto promozionale. Il nostro consulente direzionale ha in programma di parlare degli ultimi dati diffusi relativamente alla sicurezza sul lavoro a un convegno organizzato da un'istituzione di rilievo.

Lo scopo della comunicazione via email che il consulente provvederà a inviare è convincere i suoi contatti e clienti a partecipare al convegno. Solo in seconda istanza, l'oggetto e il contenuto di quella email saranno anche una forma di pubblicità e un contributo all'immagine del professionista. In questo caso, la regola aurea è la cosiddetta AIDA, presa a prestito dalla comunicazione commerciale. L'acronimo AIDA sta per Attenzione, Interesse, Desiderio, Azione.

L'*attenzione* si richiama con un titolo forte, uno slogan, una promessa. Nel nostro esempio, anche semplicemente il titolo del convegno che, se accuratamente scelto per un tema interessante, è l'oggetto che attira l'attenzione. In questo caso, il titolo del convegno può diventare anche l'oggetto dell'email.

L'*interesse* si suscita illustrando l'oggetto con sufficiente ampiezza e completezza, con un linguaggio piacevole, evidenziando in modo palese o indiretto i vantaggi per il partecipante. Un solitario «La vostra presenza è gradita» non è propriamente una motivazione a partecipare.

Una volta catturato l'interesse del lettore per l'argomento del convegno e per il convegno stesso, si include una promessa. Dal più banale «Sarete nostri ospiti per un aperitivo» a «I partecipanti riceveranno in copia gli atti del convegno». Questa è la fase del *desiderio*.

Se le tre fasi precedenti sono state efficaci, il lettore viene condotto all'*azione*. Il cliente del nostro consulente direzionale, a quel punto dell'email, si aspetta inconsciamente di sapere cosa fare per partecipare, vorrà leggere numeri di telefono, link e istruzioni. Che non devono mai mancare in conclusione di una comunicazione di tipo promozionale.

SEGRETO n. 7: per costruire contenuti informativi si segue la regola giornalistica delle 5W; per costruire contenuti promozionali si segue la regola AIDA, utilizzata nella comunicazione commerciale.

Dalla sintesi all'approfondimento

Nella comunicazione di marketing è fondamentale seguire alcune ulteriori regole di linguaggio e di strutturazione dei contenuti. Ciò vale per le comunicazioni scritte, ma anche per la comunicazione verbale programmata – per esempio, gli argomenti da presentare a un convegno.

Per esempio, qualora il consulente direzionale di cui abbiamo parlato, che opera nel campo della sicurezza, volesse inviare un'email informativa, che illustra un nuovo obbligo di legge in materia, è consigliabile che introduca il testo di legge in breve e con parole proprie, specificandone l'obbligatorietà, i termini di scadenza e precisando vantaggi, svantaggi e conseguenze per le imprese.

Il testo di legge originale verrà inserito in allegato, e il destinatario sarà invitato ad aprire il documento per consultazione e approfondimento. In questo modo, tutte le informazioni vengono trasferite, nei termini in cui sono state prodotte (leggi, regolamenti, manualistica o altra documentazione ufficiale). Ma vengono trasferite in modo "strutturato": prima una introduzione con un linguaggio immediato, che si legge in velocità, e successivamente i materiali di approfondimento connotati da ufficialità.

Addirittura, qualora si volesse inserire questa stessa informativa nella sezione News di un sito internet, il testo introduttivo sarà ancora più breve, di poche righe, asciutto e sintetico – questo testo si definisce tecnicamente *abstract*.

L'utente che clicca sul testo introduttivo potrà, per esempio, accedere a una pagina con un testo intermedio più lungo e articolato, ma ancora più divulgativo che tecnico, mentre i materiali di approfondimento, strettamente tecnici, saranno disponibili in allegato in formato digitale.

SEGRETO n. 8: perché un contenuto sia davvero leggibile, deve essere strutturato per gradi di approfondimento: prima la sintesi, poi il contenuto vero e proprio, poi gli approfondimenti tecnici.

RIEPILOGO DEL CAPITOLO 2:

- SEGRETO n. 5: Documenti ufficiali, articoli di giornale, spunti da Internet e altri contenuti professionali sono una risorsa; devono essere selezionati e classificati, per poi essere condivisi con i clienti.
- SEGRETO n. 6: Se un contenuto ha finalità di marketing, e quindi di proposta, deve esprimere chiaramente quali sono i vantaggi per il cliente o potenziale cliente.
- SEGRETO n. 7: Per costruire contenuti informativi si segue la regola giornalistica delle 5W; per costruire contenuti promozionali si segue la regola AIDA, utilizzata nella comunicazione commerciale.
- SEGRETO n. 8: Perché un contenuto sia davvero leggibile, deve essere strutturato per gradi di approfondimento: prima la sintesi, poi il contenuto vero e proprio, poi gli approfondimenti tecnici.

CAPITOLO 3:
Come riconoscere il proprio differenziale

Come può un professionista differenziarsi rispetto a mille concorrenti, e riuscire a stabilire relazioni nuove con potenziali clienti, in un modo originale e proattivo, che non si basi solo sul passaparola?

La chiave di lettura di un percorso di valorizzazione e auto-promozione consiste nel tracciare il proprio stile professionale, riconoscersi in esso, associarlo a un proprio sistema di offerta e imparare a comunicarlo costantemente. Nelle strategie di marketing che si usano comunemente per i prodotti e per i servizi in genere, tutta l'attività di promozione è concentrata sul prodotto o sul servizio.

Quando parliamo invece di servizi professionali, la strategia di marketing comincia dalla figura del professionista, contraddistinta dal suo stile, dalla sua personalità e dalle sue competenze. La figura del professionista è fondamentale, al di là dei servizi offerti da lui in persona o dalla sua organizzazione, perché le professioni si basano essenzialmente sul rapporto fiduciario e, molto spesso, sulla sintonia individuale tra professionista e cliente.

Le domande giuste: come fare l'autoanalisi per il marketing

Far emergere lo stile professionale è un passaggio importante e delicato. Significa, per il professionista, far emergere lati di sé magari mai percepiti, vedersi dall'esterno. Proviamo quindi a utilizzare una guida di orientamento, composta da una serie di argomenti da approfondire e di domande cui dare una risposta spontanea.

Come prima cosa, ricordiamoci che l'autoanalisi, attraverso domande e risposte, è una conversazione con se stessi, una sorta di *brainstorming*, e serve a far emergere elementi originali della personalità professionale. Quindi, quando rispondiamo ai quesiti che vedremo in seguito, non pensiamo: «È la risposta giusta?» Non c'è una risposta giusta: è la nostra risposta. E vale in quanto, in generale, rappresenta il nostro stile, ovvero ciò che comunichiamo quotidianamente attraverso la nostra persona e il nostro comportamento. Iniziamo quindi dalla personalità e dall'immagine. Prendiamo in prestito, in questo caso, un approccio all'analisi e alla valorizzazione della persona detto *personal branding.*

Il personal branding mette in relazione la comunicazione interpersonale con i fondamenti della comunicazione esterna a scopi promozionali, ottenendo una maggiore consapevolezza di sé e un approccio più sistematico al mercato del lavoro. In pratica, se la conoscenza e accettazione di sé è migliore, ne consegue che ci si proporrà meglio.

Cominciamo quindi con alcuni quesiti di merito. Ad esempio, come ci descriveremmo? Identifichiamo tre aspetti della nostra personalità che ci caratterizzano. Oppure, elenchiamo cinque nostri pregi e cinque nostri difetti.

Rispondere a queste domande non è semplice, perché ci mette nelle condizioni di fermarci a riflettere su ciò che siamo e, verosimilmente, su ciò che davvero comunichiamo all'esterno. Se ci risulta molto difficile svolgere autonomamente un esercizio di questo tipo, facciamoci aiutare da chi ci vive accanto, da chi collabora con noi quotidianamente, dai clienti con cui abbiamo un rapporto fiduciario più approfondito. Chiediamo loro come ci vedono.

Usciamo poi per un istante dal contesto professionale e interroghiamoci sulla fonte della nostra creatività, su come ci esprimiamo. Per esempio quali sono le nostre passioni, che cosa ci diverte fare, in che cosa pensiamo di essere abili.

Il titolare di uno studio commercialistico che legge almeno cento libri all'anno ma svolge poca attività sportiva avrà un approccio alle relazioni professionali differente da un suo collega che invece preferisce fare trekking nel tempo libero. In diversi casi è accaduto che professionisti interrogati relativamente alle proprie passioni abbiano risposto che la loro vera passione era il lavoro. E ciò conferma la teoria che la professione è, prima di tutto, un'identità.

Anche se può sembrare frivolo, è sempre opportuno che un professionista si interroghi sul proprio stile e sulla propria immagine, da come si veste al suo colore preferito. Anche se esiste una sorta di *dress code* per le professioni, c'è spazio per l'espressione individuale, anche solo nei dettagli.

In ambito professionale, poi, lo stile personale si riflette molto spesso sull'immagine e sull'organizzazione dello studio. Ad esempio, un avvocato autorevole gradirà una scrivania importante e colori scuri, oppure un arredo in stile contemporaneo, ma un ufficio molto grande e luminoso.

L'importanza prescinde dallo stile, in quanto in un caso si esprime con il peso (scrivania importante), e nell'altro caso con lo spazio (ufficio grande). Lo stile trasmette però segnali precisi sulla personalità dell'interlocutore e, presumibilmente, sul suo approccio ai problemi; ne consegue quella che comunemente chiamiamo *prima impressione*, e che in molti casi fa decidere, al di là del profilo curricolare.

Passiamo poi al rapporto con il lavoro. È importante esplorare la relazione tra professionista e professione. Ad esempio, chiediamoci perché si è scelto di esercitare la professione, e se ci piace. Abbiamo detto che il lavoro, per molti professionisti, rappresenta anche una passione. In che cosa consiste questa passione? Quali sono i pregi della professione? Ad esempio, un pregio può consistere nell'autonomia che garantisce, oppure l'esercizio della professione può rappresentare una sfida intellettuale.

L'esercizio di un'attività impegnativa come una professione è fortemente collegato a motivazioni non strettamente razionali, che influenzano e caratterizzano qualsiasi attività di marketing e sviluppo della professione si voglia mettere in atto.

Come ultimo approfondimento relativo alla persona, affrontiamo le ambizioni. Ad esempio, in che cosa ci si reputa abili, quali competenze si vorrebbero valorizzare o acquisire? Iniziare un percorso di crescita e sviluppo rende necessario partire dai punti di forza e dai desideri: dalle ambizioni, appunto.

In termini di marketing, questi desideri sono gli obiettivi. Compito del marketing è verificare se gli obiettivi sono raggiungibili, in che termini, con quali costi e investimenti, e in quali tempi ipotizzati. Facciamo l'esempio di un consulente fiscale che percepisce una sua propria abilità esclusiva nell'affiancare il cliente; tale abilità si traduce nella capacità di ricercare la soluzione ottimale per il cliente, nel contesto preciso della sua situazione aziendale.

In generale, questo consulente fa molte domande ed esplora anche altri ambiti dell'impresa, per metterli in relazione con la questione fiscale. Questo nostro consulente avverte una sorta di frustrazione perché, dice, è visto come "l'uomo delle tasse". A ragione, il contributo di questo professionista è di tipo direzionale, ed è una sua abilità.

La frustrazione nasce dal fatto che questa abilità non è dichiarata e sufficientemente valorizzata all'interno di una proposta. Infatti, il cliente non sa che può ricevere una consulenza direzionale, in aggiunta ai servizi di assistenza fiscale. Ne consegue che il cliente non chiede il servizio aggiuntivo, in quanto non è a conoscenza della sua esistenza, o lo riceve gratuitamente, o non lo gradisce se ricevuto, perché non è quanto espressamente richiesto.

SEGRETO n. 9: lo stile professionale è ciò che il professionista comunica con il proprio aspetto e il proprio comportamento: esprime la sua personalità, le sue passioni e i suoi obiettivi.

La sede, l'organizzazione, la comunicazione: autorevolezza

Passiamo ora a quesiti che riguardano l'organizzazione e la struttura. Indagare il modo in cui lo studio è strutturato e come si presenta ai propri clienti è importante per capire come il professionista si posiziona e, in parte, che strategia adotta.

Abbiamo infatti esplorato alcuni di questi aspetti nel primo capitolo, mappando il territorio professionale. Il tono dei quesiti, in questo caso, cambia molto. L'autoanalisi diventa, fondamentalmente, un'analisi di tipo tecnico delle risorse che abbiamo scelto di mettere a disposizione dello studio e della clientela. Lo studio rappresenta una sorta di "estensione" della personalità del professionista, ma può esulare di molto dalla stessa, tanto più lo studio è grande e organizzato.

In questo secondo caso, la leadership del professionista è determinante nella guida della sua organizzazione, ma la sua personalità diventa meno rilevante rispetto al peso, appunto, dell'organizzazione.

Il suo studio si troverà a utilizzare prevalentemente strategie e stili di comunicazione appositamente ideati, applicati secondo un piano, e azioni specifiche a promuovere la struttura nel suo complesso.

Un elemento importante dell'organizzazione di uno studio è la sede e la logistica. È facile arrivare alla sede del nostro studio? Dove è collocato? E ancora, possiamo chiederci se la nostra sede è di tipo operativo o di rappresentanza, se c'è una sala riunioni o un front office?

Chiediamoci, inoltre, se riteniamo che la nostra sede sia adeguata. Che caratteristiche ha? Come la descriveremmo? L'adeguatezza della sede è una percezione, nella maggioranza dei casi, strettamente soggettiva.

Non sentire la propria sede come sufficientemente organizzata o abbastanza grande, o sufficientemente gradevole, significa, per esempio, che siamo naturalmente orientati all'*autorevolezza* in senso classico, intesa come strategia professionale, e che intendiamo crescere in quella direzione.

Ricostruiamo ora la storia del nostro studio, cercando di vederla come cosa separata dalla nostra storia professionale. È il primo passo per interpretare lo studio come organizzazione con vita propria, al di là della personalità del professionista. Possiamo cominciare dalla sua data di fondazione, per poi raccontarne brevemente la storia, per fasi successive di sviluppo.

Ad esempio, uno studio legale può avere una storia molto lunga, essere stato fondato qualche decennio prima; può includere nella propria organizzazione i fondatori, si può sottolineare come la struttura sia cresciuta nel tempo e abbia tra i suoi collaboratori molti giovani avvocati. Nella recensione del profilo storico, ad esempio, si può evidenziare il ruolo dello studio nella fondazione di organismi esterni come alleanze istituzionali o gruppi organizzati.

Vediamo ora di esplicitare gli aspetti differenziali, non della personalità del professionista, ma dello studio in sé, quale organizzazione a sé stante. In che cosa si differenzia rispetto agli altri studi dello stesso settore? Quali sono i valori sui quali lo studio si regge?

Ad esempio, il titolare di uno studio commercialistico asserisce che uno dei valori a cui tiene particolarmente è il servizio al cliente e la puntualità. Ciò ha significato, nel corso degli anni, formare il proprio personale di studio con ampi gradi di autonomia, in modo tale che una pratica potesse essere seguita *in toto* da una sola persona, referente unico del cliente.

Non dimentichiamo che uno studio professionale è fatto di persone, come tutte le organizzazioni e tutte le imprese, e come tale è un organismo vivo e mutevole.

Può quindi essere fatto crescere e sviluppare, in linea con le esigenze del mercato e gli obiettivi del professionista. Pertanto, un quesito che sempre si pone al professionista è: che cosa vorrei migliorare all'interno del mio studio?

Il titolare di studio di cui sopra, ad esempio, riteneva che il suo studio fosse troppo "caotico". Questa percezione era dovuta a molteplici fattori. Da un lato l'autonomia di ogni operatore nella gestione del cliente, efficiente sul piano del servizio, toglieva sistematicità al lavoro di studio. Dall'altro lato, la stessa struttura degli spazi – un open space – toglieva privacy e aumentava il rumore.

Finora abbiamo discusso di logistica e valori di una struttura professionale, come unica entità. Abbiamo introdotto la questione organizzativa, intesa come organizzazione dei compiti. Ma l'attività professionale è spesso interdisciplinare e la collaborazione è essenziale.

Esploriamo quindi l'organizzazione del nostro studio, dal punto di vista della gestione del team, o dei team di lavoro. Se il titolare di studio è unico, ad esempio, l'organizzazione dello studio si presume maggiormente verticalizzata.

In questo caso il titolare di studio è, quasi sempre, l'unico professionista dello studio stesso, e si avvale di collaboratori o di assistenti a cui tendenzialmente delega mansioni ben precise. La gestione del cliente, dal punto di vista della valutazione dei fabbisogni e delle relazioni, e anche dal punto di vista della consulenza, nella maggior parte dei casi è in capo al titolare dello studio.

Se il titolare ha dei soci, invece, l'organizzazione dello studio diventa più complessa, in quanto orizzontale. In uno studio associato, le attività di tipo strategico e la gestione della clientela sono suddivise tra i vari soci. Collaboratori e assistenti possono far riferimento al singolo socio o servire l'intera organizzazione.

La gestione di un cliente o di una pratica, da parte di più soci, è un servizio che lo studio offre e di cui il cliente si avvantaggia, in quanto ha un unico studio di riferimento, ma che comporta uno sforzo di coordinamento e un rapporto armonico che si può concretizzare in modo più efficiente all'interno di un team di lavoro consolidato.

Non a caso, i membri di un team professionale – e in genere, i collaboratori di uno studio professionale – dovrebbero rispondere positivamente alla domanda: «Lavorate bene insieme?» Inoltre dovrebbero saper descrivere il proprio ruolo all'interno del team o dello studio.

Ad esempio, due soci di uno studio commercialistico decidono di cooperare nella gestione di alcune pratiche, seguendo uno i piani di ristrutturazione del debito, l'altro la gestione degli ammortizzatori sociali. Se il titolare – o i soci – di uno studio professionale ha dei collaboratori, interni o esterni, dovrà delegare alcune mansioni.

Un quesito che si pone al professionista, quando l'organizzazione comincia a crescere o è già complessa, è se coordinare e supervisionare il lavoro dei collaboratori. La questione non è banale, perché accade talvolta che il professionista non si trovi a proprio agio in un ruolo di tipo manageriale, che richiede attitudine alle direttive e al controllo dei flussi.

Spesso, i professionisti aggirano il problema direzionale delegando ai subalterni lunghe fasi operative e riservandosi la valutazione delle criticità e dei casi non di routine.

SEGRETO n. 10: un professionista che vuole comunicare autorevolezza tende ad avvalersi di una sede istituzionale e di uno studio strutturato, che richiede però uno sforzo organizzativo importante.

Il curriculum, il servizio, il network: flessibilità

Se coltivare e sviluppare l'organizzazione è indice di una strategia che punta all'autorevolezza e alla consistenza, lavorare sulle relazioni e sul profilo individuale evidenzia una strategia che vuole puntare più al dinamismo e alla versatilità. Una cosa non esclude l'altra; vi sono professionisti autorevoli, spesso convegnisti e scrittori, attivi nelle pubbliche relazioni, che hanno alle loro spalle anche delle solide organizzazioni di studio.

Usualmente, il professionista che punta al curriculum e al networking ha un profilo fortemente consulenziale, è orientato al servizio inteso come affiancamento al cliente e ha forti attitudini al problem solving.

Un professionista che sceglie prevalentemente una strategia basata sulla *flessibilità* ha molti argomenti quando gli si chiede come è solito lavorare, come avvengono le sue consulenze o i suoi interventi. Nel suo metodo si colloca il valore aggiunto della sua attività; e il suo maggiore differenziale si sviluppa, molto spesso, nel momento della consulenza, del rapporto con il cliente e con il suo problema – che non occasionalmente ha caratteristiche di unicità. Tutti i professionisti sono coinvolti in programmi di aggiornamento, in quanto la materia professionale, per sua definizione, è in continuo adeguamento, sia che si tratti di fiscalisti, legali, medici, psicologi o consulenti informatici.

Molti professionisti, però, vanno oltre e diventano specialisti della materia, partecipando alla sua divulgazione. Diventano quindi formatori, collaborano con enti, scrivono articoli e partecipano a convegni come relatori. Attività di questo tipo aiutano ad accrescere la visibilità del professionista e a incrementare la sua autorevolezza.

Partendo dalla valorizzazione delle competenze, e non dalla strutturazione di un'organizzazione, un contributo all'autorevolezza del professionista viene fornito anche con l'uso di una strategia alternativa come quella basata sulla flessibilità e sulle pubbliche relazioni. In questo caso, il team di lavoro costituito dentro un'organizzazione stabile, del tipo visto nel paragrafo precedente, viene sostituito dai membri del network. Il networking, infatti, ammette la collaborazione stretta con altri studi e professionisti, anch'essi con profilo curricolare forte e differenziato.

Le attività di autopromozione e divulgazione che abbiamo elencato, dalla convegnistica alla formazione, oltre che valorizzare il curriculum del professionista sono utili alle attività di pubbliche relazioni svolte nell'ambito professionale, da e verso i colleghi di discipline affini. In questo caso, infatti, è il network professionale uno dei motori che permettono l'acquisizione di nuova clientela.

L'attività di divulgazione e la gestione delle relazioni sono uno strumento moderno e utile anche nella gestione del rapporto con i clienti, in quanto questo tipo di comunicazione trasmette dinamismo e freschezza, energia ed entusiasmo, in un contesto di servizio e attenzione al cliente.

Questo approccio, senza nulla togliere all'autorevolezza professionale, apre un nuovo scenario nel mondo delle professioni. Allo stesso modo, un contributo fondamentale per lo sviluppo di attività relazionali di sostegno alla visibilità e al marketing delle professioni viene dato dall'uso organizzato dei cosiddetti *new media*, che attraverso la rete Internet permettono di implementare una comunicazione dinamica e interattiva con i clienti e con il network professionale.

SEGRETO n. 11: un professionista che vuole comunicare dinamismo e flessibilità tende a sviluppare una fitta rete di relazioni esterne e a valorizzare le proprie competenze evidenziando delle specializzazioni.

RIEPILOGO DEL CAPITOLO 3:

- SEGRETO n. 9: Lo stile professionale è ciò che il professionista comunica con il proprio aspetto e il proprio comportamento: esprime la sua personalità, le sue passioni e i suoi obiettivi.
- SEGRETO n. 10: Un professionista che vuole comunicare autorevolezza tende ad avvalersi di una sede istituzionale e di uno studio strutturato, che richiede però uno sforzo organizzativo importante.
- SEGRETO n. 11: Un professionista che vuole comunicare dinamismo e flessibilità tende a sviluppare una fitta rete di relazioni esterne e a valorizzare le proprie competenze evidenziando delle specializzazioni.

CAPITOLO 4:
Come eseguire un piano di comunicazione

Una volta che abbiamo identificato i tratti salienti del nostro profilo professionale, compreso in quale territorio ci stiamo muovendo, e una volta scelta la nostra strategia di comunicazione – supponiamo, un punto intermedio tra autorevolezza e dinamismo – siamo pronti per l'azione.

Agire, in questo frangente, significa comunicare se stessi e la propria organizzazione in modo sistematico e strutturato, ovvero in modo costante e con un "piano". Pianificare è una condizione fondamentale di qualsiasi attività di comunicazione professionale, mirata a costruire reputazione e visibilità. Azioni comunicative incostanti, anche se forti, possono essere poco efficaci o addirittura, in alcuni casi, fuorvianti.

In questo capitolo impareremo innanzitutto come costruire gli strumenti di base attraverso i quali in comunicazione un soggetto o un'impresa "esistono" e sono rappresentati. Nel marketing delle professioni in particolare, l'uso costante di questi strumenti favorisce la visibilità e rafforza le relazioni con i clienti e con altre figure di riferimento.

Tra gli strumenti di base che suggeriamo di utilizzare per trasferire contenuti e identità, e per comunicare in modo efficace con la clientela, tratteremo inizialmente i mezzi del mondo Internet, dal sito web alle attività di *newslettering*, fino al *social media marketing*.

Successivamente affronteremo altre attività di marketing diretto, effettuate su liste di destinatari, come ad esempio il marketing telefonico; queste attività sono indispensabili sia per gestire e consolidare le relazioni con i clienti e i potenziali clienti, sia in supporto ad altre iniziative di promozione e divulgazione, come i convegni e gli eventi formativi.

Come progettare un sito internet aggiornabile

Internet è un ambiente sociale e un mercato a tutti gli effetti, con regole comportamentali e di funzionamento diverse da quelle dei cosiddetti "mercati reali".

I motivi per cui un'organizzazione, che sia un grande marchio o uno studio professionale, decide di essere presente in Internet, prima di tutto con un sito web, sono:

- aumentare la propria visibilità;
- acquisire nuovi contatti;
- dare e ricevere informazioni;
- "vendere".

Un sito web è, infatti, la rappresentazione del professionista, del suo stile e della sua organizzazione in quell'ambiente sociale "virtuale" che è Internet; inoltre, al suo interno, contiene anche l'offerta di servizi professionali che vengono messi a disposizione della clientela attuale e potenziale.

Non è consigliabile assegnare l'incarico a un fornitore di siti web se prima non abbiamo valutato la concorrenza e mappato il territorio, fatto la sintesi delle competenze e, soprattutto, fatto un'autoanalisi approfondita e deciso la nostra personale strategia.

Di fronte al foglio bianco, o in questo caso, allo schermo vuoto, si rischia infatti di dover affrontare tutti i quesiti che abbiamo visto nel Capitolo 3, che ci riguardano direttamente e che vanno visti prima. È consigliabile, inoltre, progettare il sito web come strumento dinamico e aggiornabile, non soltanto come rappresentazione della nostra identità professionale – il cosiddetto "biglietto da visita".

Per esempio, si possono prevedere sezioni contenenti notizie (le News) o archivi di articoli, scadenzari, modulistica, atti, norme, simulatori interattivi, configuratori e via dicendo. Tali sezioni sono aggiornabili e devono essere aggiornate con frequenza, a cura del professionista e dello studio. La persona incaricata interagisce così con il proprio sito internet, attraverso un'interfaccia utente – del tipo rappresentato nell'immagine seguente – modificando le informazioni progressivamente e generando contenuti sempre nuovi.

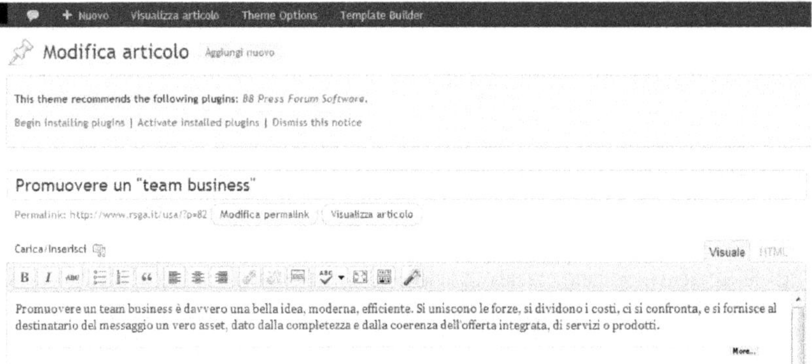

Come sottolineato nel Capitolo 2, quei documenti ufficiali, articoli di giornale, spunti da Internet e altri contenuti professionali che costituiscono una risorsa per il professionista, devono essere selezionati e classificati, per poi essere condivisi con i clienti.

Un sito internet "dinamico" è uno degli strumenti che consentono di realizzare questa condivisione, e i contenuti che si possono inserire sono i più vari: testi, immagini, video, mash-up (come le mappe Google), allegati in vari formati e link ad altri siti.

SEGRETO n. 12: un sito internet non è soltanto una vetrina, bensì uno strumento per dare informazioni che devono essere costantemente aggiornate e interessanti.

Come creare il proprio profilo su LinkedIn

I *social network* sono le comunità virtuali oggi più conosciute e utilizzate da singoli individui, per scopi di relazione (Facebook, LinkedIn), per comunicare (Twitter) o per condividere oggetti o interessi (Flickr, YouTube). In particolare, LinkedIn è una *community* utilizzata principalmente per lo sviluppo di contatti professionali. Frequentata da manager e professionisti, conta più di 175 milioni di iscritti in tutto il mondo.

Un professionista che crea un proprio profilo su LinkedIn lo fa con lo scopo di entrare in contatto con amici, colleghi, clienti e, soprattutto, con gli "amici di amici". LinkedIn funziona, in buona sostanza, come un club in cui si maturano contatti grazie all'intercessione (collegamento) di un referente comune.

Il teatro di questo scambio di relazioni è, evidentemente, virtuale e non sostituisce la nostra presenza "fisica" nei luoghi tradizionali deputati alle pubbliche relazioni professionali, dalle sedi associative ai convegni. È comunque un compendio alla visibilità, un modo discreto ma chiaro di "presentarsi" a referenti di interesse.

In LinkedIn ci si presenta inviando all'interlocutore cui siamo interessati – e che il sistema di profilazione LinkedIn ci "suggerisce" in quanto è in relazione con un nostro contatto – una richiesta di collegamento, che può essere accettata o rifiutata. L'accettazione equivale a una stretta di mano e a uno scambio di biglietti da visita.

LinkedIn simula in tutto e per tutto le dinamiche di relazione in ambito professionale; in particolare, è possibile ricevere s*egnalazioni* da parte di propri "amici" – una sorta di lettera di referenze – o richiedere a nostri "amici" di presentarci formalmente a un loro "amico".

Aprire un profilo LinkedIn è piuttosto semplice. È sufficiente entrare nell'area web del social network all'indirizzo http://www.linkedin.it e compilare una breve anagrafica, completa di nome, cognome e professione. Nell'esempio illustrato nella pagina seguente, il profilo LinkedIn dell'avvocato Mario Rossi è appena stato attivato. Le informazioni inserite sono minime e obbligatorie. L'avvocato Rossi potrà poi inserire informazioni aggiuntive che descrivano in modo più completo la propria storia professionale e il proprio percorso formativo.

Si compone così un profilo curricolare approfondito che, a differenza di un curriculum ordinario, ha il pregio di viaggiare in Internet e di essere visibile a un pubblico potenzialmente numeroso e, soprattutto, selezionato.

SEGRETO n. 13: LinkedIn è la community più utilizzata da professionisti e manager. È una piazza virtuale in cui fare networking ed esibire il proprio differenziale professionale.

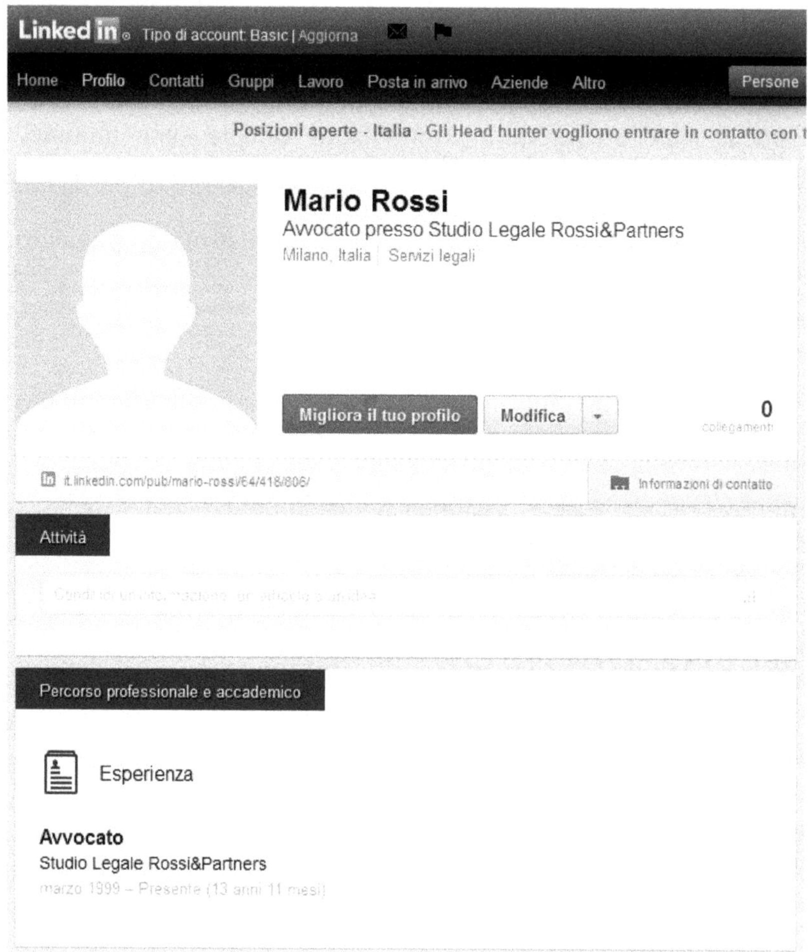

Come informare costantemente i clienti con le newsletter

Le newsletter sono bollettini periodici che riassumono

informazioni ritenute di interesse per il pubblico cui sono indirizzate. Per esempio, le newsletter inviate da uno studio di consulenza del lavoro ai propri clienti raccolgono le novità nel campo della legislazione sul lavoro e delle pratiche collegate.

Le newsletter sono usualmente progettate per essere inviate tramite email, ma possono essere anche impaginate e stampate su un normale foglio A4, o tradotte in un formato digitale come il PDF.

Come si vede dall'immagine di esempio, le newsletter riassumono molte informazioni e per essere "consultate" in modo agevole devono essere strutturate. Ovvero, il lettore deve percepire a prima vista quali sono le notizie più importanti e quali sono le notizie meno importanti.

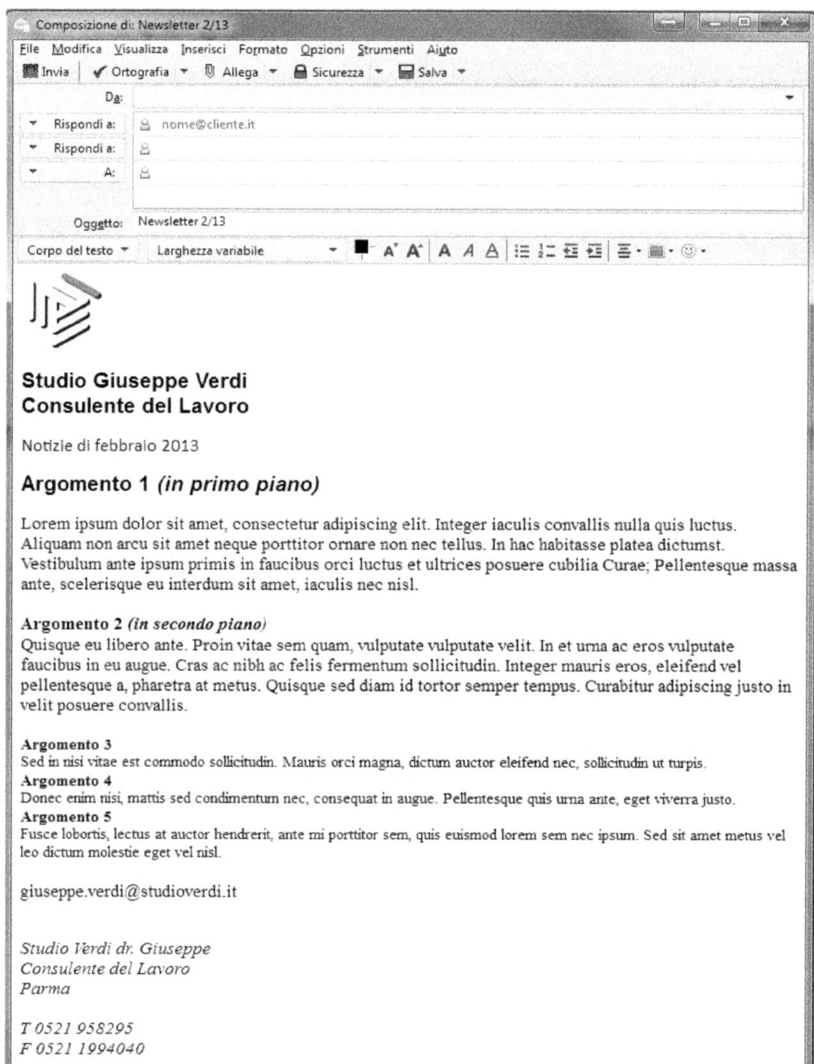

Composizione di: Newsletter 2/13

File Modifica Visualizza Inserisci Formato Opzioni Strumenti Aiuto

Invia | Ortografia | Allega | Sicurezza | Salva

Da:

Rispondi a: nome@cliente.it

Rispondi a:

A:

Oggetto: Newsletter 2/13

Corpo del testo | Larghezza variabile

Studio Giuseppe Verdi
Consulente del Lavoro

Notizie di febbraio 2013

Argomento 1 ***(in primo piano)***

Lorem ipsum dolor sit amet, consectetur adipiscing elit. Integer iaculis convallis nulla quis luctus. Aliquam non arcu sit amet neque porttitor ornare non nec tellus. In hac habitasse platea dictumst. Vestibulum ante ipsum primis in faucibus orci luctus et ultrices posuere cubilia Curae; Pellentesque massa ante, scelerisque eu interdum sit amet, iaculis nec nisl.

Argomento 2 ***(in secondo piano)***
Quisque eu libero ante. Proin vitae sem quam, vulputate vulputate velit. In et urna ac eros vulputate faucibus in eu augue. Cras ac nibh ac felis fermentum sollicitudin. Integer mauris eros, eleifend vel pellentesque a, pharetra at metus. Quisque sed diam id tortor semper tempus. Curabitur adipiscing justo in velit posuere convallis.

Argomento 3
Sed in nisi vitae est commodo sollicitudin. Mauris orci magna, dictum auctor eleifend nec, sollicitudin ut turpis.
Argomento 4
Donec enim nisi, mattis sed condimentum nec, consequat in augue. Pellentesque quis urna ante, eget viverra justo.
Argomento 5
Fusce lobortis, lectus at auctor hendrerit, ante mi porttitor sem, quis euismod lorem sem nec ipsum. Sed sit amet metus vel leo dictum molestie eget vel nisl.

giuseppe.verdi@studioverdi.it

Studio Verdi dr. Giuseppe
Consulente del Lavoro
Parma

T 0521 958295
F 0521 1994040

Per fare questo, il metodo più semplice è dimensionare il testo. Le notizie più importanti saranno tra le prime e saranno più lunghe, le notizie meno importanti saranno tra le ultime e saranno più brevi.

In ogni caso, i testi descrittivi delle notizie non saranno mai troppo lunghi; saranno testi riassuntivi, che vanno al cuore della questione e tendono a evidenziare l'elemento di maggior interesse e utilità per il lettore.

Progettare e scrivere una newsletter non è affatto semplice, richiede attenzione sia alla forma che ai contenuti. Qui di seguito illustriamo un'ipotetica sequenza di operazioni da eseguire per costruire una newsletter informativa:

1. identificare la scaletta degli argomenti – se gli argomenti sono più di dieci, e più di tre sono gli argomenti di primo piano, identificare i più urgenti da comunicare e programmare per i rimanenti un'edizione supplementare della newsletter, da inviare in seguito – per esempio, la settimana successiva;
2. identificare gli argomenti più importanti (massimo tre) da mettere in primo e secondo piano;

3. raccogliere il materiale documentale (testi, link, appunti);
4. rispondere (o far rispondere) alle seguenti domande:
    a. perché questa notizia è importante per il cliente/lettore?
    b. che cosa succede se il cliente/lettore NON è informato?
    c. quali vantaggi comporta essere informato?
    d. che cosa farà (o dovrebbe fare) il cliente/lettore, dopo aver ricevuto la notizia?
5. identificare un titolo per ogni argomento;
6. produrre un testo riassuntivo, tenendo conto dei contenuti al punto 3 e delle risposte alle domande al punto 4; per le notizie più importanti, i testi riassuntivi saranno più lunghi, per le notizie meno importanti saranno brevi e telegrafici;
7. introdurre eventuali link di approfondimento a chiusura di argomento;
8. identificare le parole o frasi chiave da inserire nell'oggetto dell'email, tenendo conto in particolare delle risposte alle domande al punto 4. Ad esempio, al posto di "Oggetto: Newsletter 2/13", si può inserire "Oggetto: Riforma del lavoro – La tabella delle novità".

SEGRETO n. 14: con la newsletter elettronica si trasferiscono periodicamente informazioni utili ai propri clienti, fornendo un servizio e generando fidelizzazione.

Come usare il marketing telefonico per aprire nuove relazioni

Il telefono è da sempre considerato uno strumento di proposta commerciale, piuttosto aggressivo e per certi aspetti inadatto a promuovere i servizi ad alto valore aggiunto come i servizi professionali.

Il marketing, però, è fatto di azioni e il suo vantaggio sta nella proposta; ovvero, fare marketing significa anche scegliere il cliente prima che lui scelga noi. Quindi, se vogliamo incontrare un particolare interlocutore, o più di uno, possiamo anche decidere di intervenire e proporci, senza attendere l'occasione e forti della nostra professionalità.

Il marketing telefonico si presta all'uso che un professionista può fare del telefono, in quanto non è attività di vendita, bensì una forma sottile e raffinata di comunicazione. Si pone infatti l'obiettivo di creare una reciprocità con il potenziale cliente, che deve essere un soggetto attivo della conversazione. Certamente, per poter essere efficace, la comunicazione telefonica deve a questo punto fondarsi su un approccio innovativo e deve considerare nuovi parametri.

Un professionista, o un suo incaricato, che scelga di avvalersi dello strumento telefonico per comunicare se stesso e lo studio di appartenenza, avrà come finalità precise, ad esempio, presentare lo studio, i servizi offerti e le competenze acquisite; conoscere meglio il potenziale cliente, le sue esigenze, le caratteristiche della sua organizzazione; infine, fissare un incontro conoscitivo.

Eppure, un'attività di comunicazione telefonica svolta secondo i moderni metodi del marketing relazionale nasconde un potenziale ulteriore. Ottiene il risultato di trasmettere un'immagine professionale ed efficiente dello studio e del professionista. Essa mira, infine, a costruire una relazione con l'interlocutore e a guidarlo, come si suol dire, all'interno della materia.

Ecco quindi che una telefonata la quale, per esempio, non è andata a buon fine – ci si attendeva un appuntamento – sarà recuperata se il nostro interlocutore può essere iscritto nella lista di destinatari della newsletter informativa che inviamo ogni due settimane. Ricordiamoci infatti che, anche se l'appuntamento non è ottenuto, il contatto è preso.

Come in tutte le attività di marketing, ricordiamoci inoltre che anche in questo caso i risultati positivi sono una percentuale dei tentativi effettuati, quindi non scoraggiamoci di fronte a interlocutori difficili o filtri impenetrabili.

Un'operazione di comunicazione è di successo se comunque l'immagine e la reputazione del professionista ne traggono giovamento. Pertanto, occupiamoci di progettare una buona comunicazione telefonica.

Lo strumento di progettazione di una comunicazione telefonica ai fini di marketing è lo *script*. Lo script non è altro che la traccia della telefonata, uno *storyboard* in cui tutto viene deciso nei minimi particolari – anche se poi viene interpretato – dalle prime parole in cui ci si presenta fino alla conclusione della conversazione.

Supponiamo, ad esempio, che un consulente del lavoro voglia indirizzare, ad alcune aziende che reputa interessanti, un'email di invito a un convegno al quale presenzierà come relatore. Non ha alcun contatto, però, con chi all'interno di quelle organizzazioni si occupa di personale.

La telefonata potrebbe svolgersi in questo modo: «Buongiorno. Sono Franco Bianchi dello Studio Rossi & Partners. Devo inviare un'email informativa. Posso avere l'indirizzo email del responsabile del personale?» Prendere nota dell'indirizzo email e dire: «Grazie e buongiorno». Se chi risponde al telefono chiede quale sia il contenuto dell'email informativa, si spiega che è: «Un invito personale al seminario su "Gli ammortizzatori sociali e politiche di attivazione", che si svolgerà a Torino il 26 maggio prossimo».

Se il nostro interlocutore ci fornisce solo l'email generale dovremo chiedere: «A chi devo indirizzare l'invito? Mi può dare il nome del responsabile?» Se non fornisce alcuna email allora prendere nota, segnalare come non interessato e salutare cortesemente. L'email che verrà inviata all'indirizzo richiesto, al termine della telefonata, conterrà tutte le informazioni necessarie a raggiungere il convegno, nonché espliciterà i nomi dei relatori.

È buona norma, in questi casi, ripetere la telefonata per testare l'interesse effettivo della persona invitata e, in caso di adesione, inviare un promemoria a pochi giorni dal seminario. L'attività di marketing telefonico, così svolta, diventa quindi un'operazione di immagine e, infine, anche servizio diretto al potenziale cliente.

SEGRETO n. 15: con il marketing telefonico si aprono relazioni, si fa informazione, si fa comunicazione; ma l'interlocutore deve essere soggetto attivo della conversazione.

Come costruire una lista di potenziali clienti

Chiudiamo il capitolo parlando dell'ingrediente più prezioso per il marketing delle professioni: i nominativi. Le attività di newslettering e di marketing telefonico, infatti, sono attività di tipo *one-to-one*, ovvero uno a uno. Fanno cioè riferimento a liste di possibili interlocutori che vengono "trattati" individualmente.

La costruzione delle liste è uno degli elementi determinanti del successo di un'operazione di marketing. Dovremmo scegliere chi ci piacerebbe avere come cliente, o chi valutiamo più adatto al nostro modo di esercitare la professione.

Molto spesso, però, non conosciamo né di persona, né di fama, molti dei soggetti che potrebbero un giorno diventare nostri clienti. Come creare, quindi, valide liste di interlocutori sconosciuti? Un modo è, per esempio, lavorare per approssimazione.

In una prima fase si tratta di individuare, magari in modo grossolano, le tipologie di interlocutori che potrebbero essere interessati alla nostra professionalità e ai nostri servizi e l'area geografica di elezione – a questo proposito, ricordiamoci la mappa del territorio professionale, vista nel Capitolo 1. Ci si può aiutare, poi, recuperando nominativi – che corrispondono ai criteri individuati – da vecchi file, contatti o da aziende specializzate nella fornitura di liste.

Successivamente si procederà alla realizzazione di un unico database, comprendente le informazioni di base che permetteranno di effettuare il primo contatto (ad esempio: ragione sociale, indirizzo, telefono, sito web, email generale).

A questo punto si procede alla qualificazione dei contatti. Questa operazione si effettua "manualmente", ovvero telefonando. Il primo contatto telefonico servirà a tentare di recuperare il nominativo del nostro interlocutore "ideale", l'email e possibilmente anche il numero di telefono diretto o il numero di cellulare.

Al termine del processo le nostre liste saranno ripulite da errori, saranno stati divisi i contatti qualificati – di cui ora conosciamo qualcosa di più – dai contatti generici. E saranno pronte per entrare nel circuito virtuoso del nostro marketing.

SEGRETO n. 16: le liste di nominativi sono preziose quando i contatti che le compongono non sono generici; solo sui contatti qualificati si possono effettuare azioni di marketing efficaci.

RIEPILOGO DEL CAPITOLO 4:

- SEGRETO n. 12: Un sito internet non è soltanto una vetrina, bensì uno strumento per dare informazioni che devono essere costantemente aggiornate e interessanti.
- SEGRETO n. 13: LinkedIn è la community più utilizzata da professionisti e manager. È una piazza virtuale in cui fare networking ed esibire il proprio differenziale professionale.
- SEGRETO n. 14: Con la newsletter elettronica si trasferiscono periodicamente informazioni utili ai propri clienti, fornendo un servizio e generando fidelizzazione.
- SEGRETO n. 15: Con il marketing telefonico si aprono relazioni, si fa informazione, si fa comunicazione; ma l'interlocutore deve essere soggetto attivo della conversazione.
- SEGRETO n. 16: Le liste di nominativi sono preziose quando i contatti che le compongono non sono generici; solo sui contatti qualificati si possono effettuare azioni di marketing efficaci.

Conclusione

Il percorso di studio e apprendimento avviato dal presente manuale è stato sviluppato privilegiando le attività di analisi e autoanalisi della persona.

Applicare strumenti di marketing senza prima avere fatto emergere una visione strategica, infatti, metterebbe in pericolo l'efficacia di qualsiasi attività operativa.

È anzi il caso di affermare che gli strumenti e le attività utilizzabili dal marketing delle professioni sono piuttosto circoscritti e limitati, sia per ragioni legate alla disciplina degli ordini professionali, sia per l'attitudine fortemente relazionale dei professionisti.

Il nodo da risolvere non era quindi nella ricerca di originalità di un piano tecnico o nell'uso di strumenti all'avanguardia, bensì nell'originalità dei contenuti.

In pratica, la questione di fondo era "cosa dire", non "come dirlo". E, prima ancora, "chi sono" e "dove voglio andare", oltre i rigidi codici comunicativi che hanno accompagnato le categorie professionali fino ad oggi.

Successivamente si procederà alla realizzazione di un unico database, comprendente le informazioni di base che permetteranno di effettuare il primo contatto (ad esempio: ragione sociale, indirizzo, telefono, sito web, email generale).

A questo punto si procede alla qualificazione dei contatti. Questa operazione si effettua "manualmente", ovvero telefonando. Il primo contatto telefonico servirà a tentare di recuperare il nominativo del nostro interlocutore "ideale", l'email e possibilmente anche il numero di telefono diretto o il numero di cellulare.

Al termine del processo le nostre liste saranno ripulite da errori, saranno stati divisi i contatti qualificati – di cui ora conosciamo qualcosa di più – dai contatti generici. E saranno pronte per entrare nel circuito virtuoso del nostro marketing.

SEGRETO n. 16: le liste di nominativi sono preziose quando i contatti che le compongono non sono generici; solo sui contatti qualificati si possono effettuare azioni di marketing efficaci.

RIEPILOGO DEL CAPITOLO 4:

- SEGRETO n. 12: Un sito internet non è soltanto una vetrina, bensì uno strumento per dare informazioni che devono essere costantemente aggiornate e interessanti.
- SEGRETO n. 13: LinkedIn è la community più utilizzata da professionisti e manager. È una piazza virtuale in cui fare networking ed esibire il proprio differenziale professionale.
- SEGRETO n. 14: Con la newsletter elettronica si trasferiscono periodicamente informazioni utili ai propri clienti, fornendo un servizio e generando fidelizzazione.
- SEGRETO n. 15: Con il marketing telefonico si aprono relazioni, si fa informazione, si fa comunicazione; ma l'interlocutore deve essere soggetto attivo della conversazione.
- SEGRETO n. 16: Le liste di nominativi sono preziose quando i contatti che le compongono non sono generici; solo sui contatti qualificati si possono effettuare azioni di marketing efficaci.

www.ingramcontent.com/pod-product-compliance
Ingram Content Group UK Ltd.
Pitfield, Milton Keynes, MK11 3LW, UK
UKHW022012190726
13853UKWH00004B/1890

9 788861 746091